AF226512

27 n
1977

M. Alexandre FOURTANIER.

Recevoir, du Maître Suprême de la Science, les facultés les plus éminentes de l'esprit ; prendre la première place à l'un des premiers Barreaux de France ; entraîner la conviction par la force de la raison et la persuasion de l'éloquence ; occuper un rang considérable dans la magistrature, dans l'édilité d'une grande ville, dans l'Assemblée des Représentants de la Nation ; former des relations étroites avec les personnages illustres de son temps ; vivre enfin et mourir, entouré de l'estime universelle : c'est le comble du bonheur qui soit réservé au travailleur de la pensée, bonheur départi au petit nombre, mais qui n'est pas sans exemple à une époque où s'agitent de si nobles et de si belles intelligences. — Ce qui est infiniment rare, ce qui constitue un fait exceptionnel, ce qui excite une admiration profonde, c'est de voir un homme de cette trempe, un homme d'une incontestable valeur, caressé, pendant toute son existence, par les sourires de la fortune, conserver une modération, une sérénité de caractère, que les événements ne peuvent ébranler, et qui résistent aux séductions de la prospérité, aux efforts de l'amitié, aux impulsions de l'amour-propre. — Ce qui est peut-être plus rare encore, c'est de voir unies à tant de sagesse une grande fermeté de principes, une marche non interrompue dans la voie tracée au début de la carrière, une foi constante dans le triomphe de la justice et du droit.

Tel fut M. Alexandre Fourtanier.

Il n'a pas été souvent donné de contempler un aussi parfait assemblage des plus nobles qualités de l'esprit humain. Calme au milieu des impatiences de toute sorte; inébranlable pendant les tempêtes et les vicissitudes de cinquante années, M. Fourtanier demeura toujours fidèle à ses convictions. Peu soucieux d'honneurs et de dignités, ennemi de l'intrigue et du métier de courtisan, il dut à un labeur assidu et indépendant, et à des succès que sa modestie ne rechercha jamais, les témoignages sympathiques qui vinrent spontanément le chercher, entre sa famille, ses amis, ses clients et ses livres, tout ce qu'il aimait le plus au monde. Il a fait mieux que d'écrire un Traité de Philosophie : il s'est montré un vrai sage, *vir fortis et tenax*. Sa vie et sa conduite sont un exemple et un enseignement.

Il était né à cette grande époque de transition qui s'appelle « le premier Empire. » Les esprits que les témérités, longtemps heureuses, d'un illustre capitaine, n'aveuglaient pas, conservaient, comme un culte pieux, le souvenir de la lutte immense, engagée, entre le passé et l'avenir, dès 1789 et pendant les quelques années qui suivirent cette ère mémorable. Ils avaient vu tomber le vieux monde et assisté à l'enfantement du nouveau; le travail de rénovation avait été interrompu; l'Empire avait pris une place que les Républicains décimés, déportés, calomniés, avaient perdue; il donnait, à une nation guerrière et jalouse de son honneur, le séduisant spectacle d'une victoire toujours fidèle; mais il avait voilé cette fière liberté, si grande et si belle jusque dans ses emportements. Dans les villes, dans les campagnes, où pénétraient les récits de nos batailles, au milieu de l'enivrement universel, on rencontrait quelques sanctuaires où la pensée des triomphes de la France, malgré le loyal enthousiasme qu'ils excitaient, ne fesait pas oublier cette suprême enchanteresse. Et, comme aux banquets où la place vide de l'ami absent refroidit le plaisir; et suspend l'ivresse des convives, le bulletin du *Moniteur*, après l'émotion du combat et la joie du succès, laissait un regret et un désir sans espérance. C'est dans une de ces familles, où le culte de la patrie, l'honneur du drapeau français, la gloire de nos armées, ne se séparaient jamais du souvenir de nos conquêtes, beaucoup plus grandes et plus précieuses, de la Révolution, — c'est dans une de ces familles que naquit M. Fourtanier.

Il naquit à Montgiscard, petite ville du Lauraguais. Son père, issu des rangs de cette bourgeoisie, qui avait acquis dès longtemps ses droits par le travail, source de l'aisance et de la liberté, vivait, en vrai patriarche, entouré de nombreux enfants qui reçurent tous une instruction complète, mais qui, mieux que cela, apprirent à connaître en entrant dans la vie, les tristesses d'autrefois et les merveilles de la terre promise. Bien souvent, M. Fourtanier père ouvrit à ses fils le livre de sa mémoire, et, en leur racontant les ruines qu'il avait vu abattre, les félicita de vivre en des temps meilleurs. Combien de fois dut-il leur dire que la liberté, comme le soleil, sortirait un jour triomphante des nuages amoncelés par la peur, l'égoïsme et l'apostasie!

De tels enseignements ne sont jamais perdus. Ils

étaient encore plus saisissants alors qu'aujourd'hui. Il y a cinquante ans, la tempête, excitée par le souffle de la Révolution, agitait, en sens divers, tous les citoyens. Des passions ardentes, trop contenues au dehors, fermentaient avec violence dans beaucoup de cœurs.

M. Fourtanier, heureux jusque dans les premières années de sa vie, apprit à ne jamais séparer le culte de la liberté de celui des lois. Il emprunta aux exemples et aux conseils de son père, un principe auquel il a été toujours attaché : le respect des droits. La modération et le calme de son esprit lui furent inspirés par l'horreur de l'arbitraire et par les réactions épouvantables dont sa jeunesse fut témoin.

M. Alexandre Fourtanier fut élevé à Toulouse dans une estimable maison d'éducation, où d'habiles maîtres, façonnés aux fortes études, donnaient un enseignement qui eût été parfait, s'il ne se fût en quelque sorte borné à des leçons dont le latin fesait presque tous les frais. Nous ne prétendons pas médire de cet enseignement, encore moins des classiques. On mettait d'abord moins de temps que de nos jours à apprendre le latin, et, en revanche on le savait mieux. Les écrivains de Rome, — à part quelques-uns qui rachètent leur faiblesse de courtisan par le charme et la grâce du style, — apprennent à aimer la liberté, ce qui est la meilleure des doctrines; ils nous parlent de César et d'Auguste, mais ils nous forcent d'admirer Brutus et Caton. Il semble aussi qu'aucun pinceau n'aît égalé, dans aucune langue, celui de Tacite, d'Horace et de Virgile ! Quels horizons pour une âme de quinze ans !

M. Alexandre Fourtanier fit de très brillantes études. Il acquit, dans ce charmant commerce, un avant-goût de cette phrase correcte, élégante et concise, qui devait un jour être employée avec tant de succès, — un succès

qui n'a pas été dépassé, — par l'avocat à la Cour de
Toulouse. Il termina de bonne heure son éducation de
collége. Quand il le quitta, il avait mieux que de l'érudition, il possédait l'art de rendre avec clarté sa pensée et
de l'orner des grâces d'une forme nettement arrêtée. Les
classiques français avaient complété l'œuvre des latins;
et, s'ils ne donnèrent pas au style de M. Fourtanier les
hardiesses qui s'élèvent souvent jusqu'au sublime chez
nos orateurs les plus illustres, ils lui ouvrirent les secrets
de leur diction, exacte et pure, jusque dans sa sobriété.

Bachelier-ès-lettres à dix-sept ans, M. Fourtanier, entraîné par les traditions et les exemples de sa famille, de-
vinant l'indépendance du jurisconsulte, ou plutôt dirigé
par une de ces causes mystérieuses qui semblent être
une sorte de prédestination, M. Fourtanier, comme qua-
tre de ses frères, commença, en 1823, ses études de
Droit. Notre Faculté n'avait pas encore brisé avec les
formes pédantesques et les souvenirs de la scolastique ;
les origines de notre Droit n'étaient l'objet d'aucune re-
cherche ; l'exégèse allemande n'avait pas éclairé de son
flambeau la science des législations. Peu familiers avec
ces études profondes, les professeurs de cette époque se
bornaient à des commentaires pratiques, à des explica-
tions qui sentaient les bancs des lycées. Ce qu'on appre-
nait le mieux, c'était l'art de la dialectique, la connaissance
des ressources que fournit la procédure, l'arsenal des
moyens habiles ou ingénieux. Que l'on compare la Faculté de Droit de Toulouse sous la Restauration à ce
qu'elle est aujourd'hui, et que l'on prononce ?

M. Alexandre Fourtanier n'eut que plus de mérite à
s'instruire dans la science du Droit ; il subit de brillants
examens et l'on put prévoir qu'il avait choisi la carrière
qui convenait le mieux à son intelligence. Cependant
d'autres pensées agitaient cette âme fière, ce cœur aux

instincts libéraux, à la fibre patriotique. L'Empire était tombé, mais, par une loi fatale, par une inévitable confusion, il était parvenu, en tombant avec l'honneur français, sous les coups des étrangers, à mériter les regrets des hommes les moins suspects d'avoir aimé ce régime. La Restauration avait succédé à l'Empire, et bien qu'elle apportât la liberté, qu'elle assurât l'autonomie de la France, elle ne pouvait faire oublier ses deux tâches originelles : le succès des Alliés, entrés en vainqueurs à Paris, et la defiance du passé, éveillée par le retour du drapeau blanc, les faveurs accordées à une noblesse fidèle, une large part attribuée au clergé dans les affaires publiques. Les libéraux ne surent point faire une distinction que l'amour même de la liberté aurait dû leur conseiller, et la Restauration compta bientôt des ennemis irréconciliables et pleins d'ardeur.

D'étranges et mystérieux frémissements remuaient les âmes généreuses, comme à la suite des grandes convulsions du sol on observe longtemps de sourds ébranlements. La liberté eut ses martyrs, pendant cette période rétrograde, qu'on n'oppose pas assez aux fureurs de la Révolution ; la liberté eut aussi son chantre et son poëte : Casimir Delavigne, pour les salons; Béranger pour tout le monde. La Tribune luttait avec une énergique constance, et la France libérale répétait les discours de Foy, de Benjamin Constant, de Royer-Collard. La Magistrature, indépendante sur ses siéges fleurdelysés, rendait des arrêts et refusait les services; le Barreau s'emparait de toutes les causes pour y découvrir la place d'une affirmation, d'une énergique protestation contre les tendances du moment ; ainsi, à Toulouse, Romiguières, dominant de son génie les mesquines rivalités, ne laissait aux Basiles de son temps que la ressource des calomnies. Chaque événement excitait un vif enthousiasme : un jour, c'était la guerre d'Espagne, entreprise au profit de la réaction ; le lendemain, c'était le réveil de la Grèce, dont des mains françaises portaient le noble drapeau ; c'étaient les tristes procès de Ney, de Labédollière, des Sergents de La Rochelle ; c'étaient les Cours Prévôtales ; c'étaient les atteintes au droit de réunion et les persécutions de la Presse, les mandements des Evêques, les revendications du Clergé. Le moindre fait donnait lieu à des commentaires passionnés, ardents ; on parlait, on écrivait pour ou contre ; une lutte immense s'était engagée entre deux principes séparés par des abîmes ; on ne reverra peut-être jamais une telle époque, pleine de mouvement, de sève et de vie.

Au premier rang des défenseurs de la liberté, se plaçait naturellement l'avant-garde de tout progrès, de toute noble cause, la jeunesse. Il était vraiment grand et beau de voir cette troupe d'adolescents, fils de l'Université de France, *Alma Mater*, soutenir, haut et ferme, le drapeau du bon droit. Dans ses rangs pressés, devait se trouver ce jeune homme au cœur si loyal et si généreux, M. Alexandre Fourtanier. Il ne manqua point à son devoir : Toulouse n'était pas alors la ville triste et tiède d'aujourd'hui ; dans cette Cité, remplie de vieux souvenirs, vouée pour longtemps aux traditions des Parlements, les luttes furent peut-être plus vives que partout ailleurs, et la liberté y eut de nombreux adversaires : il y avait du courage à se faire son champion ; M. Fourtanier fut un de ceux qui eurent l'honneur de prendre en main la défense d'une aussi belle cause, mais il ne sépara presque jamais la liberté de la sagesse et de la raison. Dans la précocité de sa rare intelligence, de ce bon sens pratique si developpé chez lui, il réclamait un développement gradué et constant des droits politiques, sans agitation ni secousse, par le jeu naturel des institutions. Ferme dans ses principes, il unissait dans une commune affection la liberté et la loi.

Aussi, la Révolution de 1830 combla-t-elle tous ses désirs. La devise *Liberté, Ordre public*, était la sienne ; fidèle à cette devise, qui fut l'âme de sa vie politique, il devait aimer un Gouvernement qui l'inscrivait sur sa bannière. A vingt-cinq ans, M. Fourtanier voyait réaliser tous ses vœux et les aspirations de son esprit ; son intelligence calme et réfléchie avait compris les admirables ressorts de cette machine parlementaire, mise en mouvement par toutes les forces vives du pays ; et, lorsque, par une longue suite de malentendus, par le travail incessant de la haine et de l'ignorance, ce Gouvernement fut tombé, M. Fourtanier n'abdiqua point ses convictions ni ses sympathies pour un principe mal compris et indignement calomnié.

Dès son enfance, M. Fourtanier s'était fait remarquer par la passion de l'étude. Un travail assidu, persévérant, l'avait rendu familier avec les matières les plus abstraites ; il écrivait sur tous les sujets du droit, qui frappaient son attention, des notes nombreuses, presque des traités spéciaux, compulsant les auteurs anciens et modernes, fesant de sa mémoire un arsenal qui devait plus tard lui être si utile. Son père l'initia aux secrets de la procédure. Il subit enfin une telle préparation, que, licencié de la Faculté en 1825, il plaida, l'année suivante, en 1826, sa première cause, et il la plaida avec un brillant succès.

Ce n'est pas un bonheur accordé à tous les hommes que le choix d'une profession qui corresponde aux goûts, au caractère, à la nature de l'esprit. On peut l'affirmer, M. Fourtanier était né avocat. Il avait la passion de la Loi et de la Justice ; il possédait toutes les qualités que le Barreau réclame : à la connaissance des textes, à leur examen comparé, il joignait l'art de présenter les faits et les questions avec une admirable clarté ; il n'abusa jamais du syllogisme ; sa discussion était calme, mais entraînante. Il devait ces éminentes facultés à un labeur opiniâtre, qui recommençait pour chacune des affaires confiées à son zèle. Il n'entra dans l'arène, que bien préparé au combat. Et cependant, chose exceptionnelle ! Il était peut-être supérieur dans les répliques : c'est qu'à mesure que le procès se développait devant les Juges, M. Fourtanier s'identifiait de plus en plus avec les intérêts dont la défense lui était remise ; il saisissait rapidement les arguments favorables à sa cause ; il les présentait avec insistance ; alors il s'animait, les mots se pressaient à ses lèvres, et, dans un langage toujours digne de lui, toujours bienveillant, même courtois, il terrassait ses adversaires.

Il dut la plupart de ses succès à cette grande modération, ainsi qu'à la netteté de ses exposés et au choix habile de ses moyens. On l'écoutait volontiers, parce qu'il avait une parole égale, littéraire, élégante. Il changeait peu de ton, mais il savait manier les cordes agréables à ses Juges et au public. C'était une nature d'élite jusque dans les moindres choses.

Lorsqu'il entra dans l'ordre des avocats, il se trouva en compagnie d'hommes dont le talent était consacré par tout le monde. Et quelle nombreuse et brillante cohorte, que Romiguières dépassait de son invincible supériorité ! Des voix plus autorisées que la nôtre ont présenté le tableau de ces avocats éminents, qui à des titres divers, et spécialisant, chacun, leur manière, n'ont pas été égalés. Malgré sa valeur réelle, malgré ses constants efforts, M. Fourtanier dut se résigner, pendant quelques années, à écouter ces beaux modèles. Il apprit, avec le tact qui ne lui fit jamais défaut, il apprit à ne pas les imiter et à se frayer une voie dans laquelle personne ne pût le suivre. Il ne prétendait pas à l'éloquence emportée, aux élans de flamme, qui firent le triomphe de Romiguières ; les arguties procédurières des uns, la discussion scolastique des autres, ne convenaient pas à son esprit, plus enclin à pénétrer l'essence même des lois, qu'à puiser des arguments dans des vices de forme. Comme il avait le sens droit et le coup-d'œil rapide, il voulait aller ferme au but : bien analyser un fait, le rendre en quelque façon palpable, chercher dans les textes des applications à ce fait : Voilà quelle fut sa tactique à peu près constante. Il écrivait la plupart de ses plaidoyers et c'est à cette habitude qu'il dut de parler un langage plus pur et, disons le mot, plus correct que des émules qu'on a bien voulu lui opposer. Mais, lorsqu'un fait important sortait du débat, il oubliait ses pages écrites et il trouvait, dans une improvisation toujours heureuse, le moyen de ne pas laisser debout un seul des arguments qu'on lui opposait.

Il se fit ainsi une place à lui seul. En 1829, il plaida un procès civil qui eut un grand retentissement : c'était une affaire des plus complexes. Cet avocat de vingt-quatre ans apporta la lumière dans ce chaos, il étonna les Juges, le Barreau et son vieux père lui-même, qui savait pourtant à quoi s'en tenir sur le mérite d'Alexandre Fourtanier. Le pas difficile était désormais franchi : M. Fourtanier entrait en possession d'une renommée qui devait grandir pendant trente-cinq années de triomphes non interrompus.

M. Fourtanier ne tarda point à occuper un rôle considérable au Palais : prodigue de son zèle et de son talent, il s'attacha une clientèle nombreuse, attirée par le dévouement éprouvé et par les succès du jeune avocat. Il marchait ainsi rapidement dans cette route glorieuse de la parole indépendante et libre, lorsqu'un événement subit vint le lancer dans une carrière plus active. La révolution de 1830 avait donné à la France, avec une dynastie nouvelle, des droits longtemps contestés et une liberté qui fut sincèrement promise et loyalement maintenue. M. Fourtanier vit avec bonheur cette révolution qui répondait à ses vœux les plus chers, à ses plus ardentes espérances. Il ne se contenta point d'une satisfaction égoïste et banale; il consentit à la servir, pendant ses belles années, au risque de compromettre le brillant avenir qui s'ouvrait devant lui.

Le Gouvernement nouveau avait dû changer les magistrats que la loi n'avait pas gratifiés du don d'inamovibilité. Le Parquet de Toulouse fut remanié, M. Alexandre Fourtanier accepta, — il avait vingt-cinq ans — la modeste position de second substitut du Procureur du Roi. Il ne tarda point à se montrer supérieur à ses fonctions. En janvier 1831, présentant au serment politique, devant le Tribunal, les officiers ministériels, il prononça un discours qui produisit un effet immense; ce fut une profession de foi en même temps qu'un appel éloquent à la religion du serment. Ces pages, inspirées par un esprit sagement libéral, écrites par les mains d'un honnête homme, ont été conservées; elles resteront comme une des plus nobles et des plus courageuses initiatives de M. Fourtanier.

L'avancement du jeune magistrat suivit les degrés marqués par un usage traditionnel. Il devint, en avril 1831, substitut du Procureur général, et l'année suivante en 1832, Procureur du Roi à Toulouse.

M. Fourtanier remplaçait, dans ces importantes et difficiles fonctions, un homme de grand mérite, M. Amilhau. Il fut, comme toujours, esclave de sa conscience et de son devoir; mais, de la fermeté il ne sépara jamais les sentiments généreux qui fesaient le fond de son caractère. Le premier au travail, il ne quittait le cabinet que pour l'audience; il portait la parole dans presque toutes les affaires, donnant ainsi une preuve nouvelle d'un talent toujours prêt et de ses habitudes laborieuses. Il trouvait même des heures pour suivre la discussion des lois dans le Parlement, pour écrire des notes, des appréciations. On a peine à comprendre comment un seul homme pouvait tenir tête à tant et d'aussi diverses occupations.

Ce fut une belle époque pour la Magistrature toulousaine que celle où l'on vit M. Fourtanier, Procureur du Roi, à côté de M. Romiguières, Procureur général. Ils avaient, tous les deux, la même ardeur au travail, le même goût de l'étude, les mêmes sentiments politiques. Aussi l'harmonie, qui assure la bonne direction de la Justice, ne cessa jamais d'exister entre eux. On a conservé quelques lettres échangées par les deux magistrats : on ne sait assez admirer, en les relisant, l'affectueuse courtoisie et la loyale confraternité que ces lettres expriment.

Nous n'avons pas la prétention de raconter comment furent employées les neuf années que M. Fourtanier passa au Parquet du Tribunal de Toulouse. De graves procès, d'importantes affaires politiques, l'obligèrent à porter la parole. D'autres ont rappelé quelle part il fit à la Justice, et ce qu'il accorda à l'indulgence. Dans ces causes, il se montra l'inflexible représentant de la vindicte publique, non moins que le soutien fidèle de la liberté, de cette chère liberté qu'il regardait comme ne pouvant vivre et durer que sous la protection de la Loi.

A la fin de ces neuf années, M. Fourtanier abandonna le Parquet, non sans laisser de profonds regrets. Il lui tardait de reprendre sa place au Barreau et de se livrer à des études qui fesaient le charme de sa vie. Il rentra donc, avec la toge de l'avocat, dans cette enceinte où ses réquisitoires avaient toujours captivé l'attention des Magistrats et souvent commandé leur admiration. Accompagné des regrets de ses collègues et, en premier lieu, de ceux de M. Romiguières, il fut accueilli avec transport par les membres de l'Ordre à qui il était rendu, après une longue absence. Il reprit promptement toutes ses habitudes. On vît, pendant vingt-cinq ans, cet homme infatigable, partager ses jours entre les consultations du cabinet, la préparation de ses procès, la rédaction des mémoires, les plaidoiries de la barre. Pendant vingt-cinq ans, sauf de courtes interruptions que d'autres occupations commandèrent, M. Fourtanier fut sur la brèche. Ses nuits elles-mêmes, après les épanchements de la famille et de l'amitié, étaient consacrées à des lectures, à des annotations, à des recherches. Son activité semblait tenir du prodige.

Il est inutile d'insister sur cette partie de la vie de M. Fourtanier ; des témoins, plus autorisés que nous, l'ont racontée avec de grands développements et en épuisant les formules de l'admiration la plus sincère et la mieux méritée. Le Barreau était son Temple : étranger aux plaisirs vulgaires, il ne semblait avoir de l'entrain et de l'ardeur que revêtu de la toge qui était son armure. Là, il était à l'aise, pénétré du sentiment de sa mission, certain de la remplir avec conscience et énergie ; cette atmosphère des grandes salles de la Justice l'animait, l'enflammait; il paraissait ne point éprouver de fatigue ; sa parole puissante ne permettait pas à l'attention de languir ; les arguments se succédaient dans leur ordre naturel, après le récit le plus attachant qu'il fût possible d'entendre; on écoutait, avec ravissement, cette langue du Droit qu'il parlait si bien et qui, dans sa bouche, perdait ses formes bizarres; il avait, nous l'avons dit, un grand mérite, — un mérite trop peu fréquent dans le Midi, — une élocution simple et correcte. Les phrases vides et sonores n'étaient pas à son usage; il fuyait le ton déclamatoire et évitait l'emploi de ces formules banales, souvenir parfois grotesque des anciens parlements; il voulait que chaque mot eût un sens déterminé, un but certain. Sans doute, il se privait ainsi des moyens de passionner la foule; mais il aimait mieux se rappeler qu'il parlait à des Juges, et que les Juges ne demandent qu'une chose : acquérir la conviction qui doit dicter leur arrêt.

Un des écrivains qui ont esquissé la vie de M. Alexandre Fourtanier n'a pas négligé de citer, parmi les causes qui firent le plus d'honneur à l'éminent avocat, la défense des droits de l'Etat sur la propriété du Canal du Midi. Il fut rarement donné d'assister à une plaidoirie aussi belle, aussi saisissante; si l'Etat perdit son procès devant la Cour de Toulouse, ce ne fut certes pas la faute de son éloquent défenseur. Ses Adversaires eux-mêmes furent contraints de s'incliner devant l'habileté, la verve et le courage de M. Alexandre Fourtanier.

Ce n'était pas seulement dans l'enceinte des Tribunaux de Toulouse que cette voix éloquente se fesait admirer; tous les Barreaux voisins l'entendirent et proclamèrent son incontestable supériorité. Il avait une aptitude merveilleuse à s'identifier avec son sujet : les causes les plus disparates, les plus étranges, celles qui résultaient de l'état présent des mœurs publiques, le trouvaient prêt à l'attaque ainsi qu'à la réplique. Il y avait chez lui une force d'attention et d'assimilation qui n'a peut-être pas été égalée dans les prétoires de notre Ville. Il était surtout admirable lorsqu'il traitait des questions où l'honnêteté, la morale, les sentiments du juste, étaient outragés ou violés. Sa parole rencontrait alors des éclats formidables; nul ne l'égala pour flétrir les manœuvres détestables de la fraude et du dol : c'était bien le *vir probus*, dont on a fait, dans l'école, le modèle de l'orateur habile à bien dire.

D'une exquise modestie, il cherchait à faire oublier ses succès et à cacher l'éclat qui s'attachait à son nom. Ceux qui eurent l'honneur de connaître dans l'intimité M. Fourtanier, savent quelles furent ses hésitations, lorsqu'il se vit contraint de combattre la doctrine de l'incompatibilité entre l'exercice de la profession d'avocat et les fonctions de conseiller de préfecture. Le Conseil de discipline de l'Ordre avait décidé cette incompatibilité ; c'était chasser de la barre trois avocats : MM. Burgalat, Tajan et M. Alexandre Fourtanier lui-même, qui, en 1839, au sortir du Parquet, avait accepté cette position qu'une Administration, jalouse de conserver un homme d'un tel mérite, lui avait offerte. M. Fourtanier dut prendre, au nom du droit méconnu, la défense de ses collègues et la sienne. Il gagna sa cause, mais, par un de ces raffinements de délicatesse dont il avait le secret, une fois vainqueur dans cette lutte personnelle, il donna sa démission pour se consacrer d'une manière absolue au Barreau.

Cet homme éminent touchait à toutes les branches du droit doctrinal et pratique. Chose étrange, il avait à la Cour d'Assises des succès aussi décisifs que dans les chambres civiles. Il ne fut jamais attristé par un arrêt de mort et il arracha au châtiment un nombre considérable d'accusés. La raison calme qui était le caractère principal de son talent portait la conviction dans tous les esprits.

Ses goûts paisibles, ses aspirations à la retraite laborieuse mais tranquille, lui firent désirer un instant de concourir pour une chaire à la Faculté de Droit. Il est permis d'affirmer que M. Fourtanier, avec sa grande érudition, sa prodigieuse application de la théorie à la pratique, ses longues et sérieuses études, l'exercice enfin si heureux de la parole, il est permis d'affirmer que M. Fourtanier aurait offert le type d'un professeur remarquable. Mais la fièvre du Barreau, l'entraînement de mille affaires, en le conduisant tous les jours au prétoire, ne lui laissèrent pas réaliser ce beau rêve et privèrent notre enseignement du droit d'un maître qui aurait fait honneur à l'antique et glorieuse Faculté de Toulouse.

Cependant un orage venait de fondre sur la France, une révolution nouvelle avait plongé notre pays dans de graves vicissitudes. Il est inutile de dire que M. Fourtanier resta fidèle à ses opinions politiques alors même que la fortune eut cessé de leur sourire. Dans les premières années de sa magistrature, il avait représenté le canton de Fronton, au Conseil-général de la Haute-Garonne. En 1837 et 1839, il s'était présenté comme candidat à la députation dans le collége de Villefranche, et, s'il n'avait pas réussi, il ne devait cet insuccès qu'au peu d'entente qui régnait dans le parti conservateur.

Il n'avait donc pu jouer un rôle dans la politique active. Et nous, qui avons aimé cet homme excellent, qui apprécions, plus que personne, les admirables facultés dont il était doué, nous nous demandons s'il était propre à remplir le rôle que ses amis lui imposaient, en d'autres termes, s'il était, par la nature de son esprit, appelé à prendre place dans les rangs d'une milice prête aux plus redoutables événements.

Sans doute, ce qui réussit le mieux, en temps ordinaire, c'est la modération. La modération est une force, passive si l'on veut, mais contre laquelle se brisent les exagérations et les impatiences ; elle est une force, parce qu'elle est basée sur le droit et la raison, sur des principes immuables et éternels. Dans nos longues pério-

des de dissensions civiles , ce que l'on a pardonné le
moins, parce qu'on la redoutait davantage, c'est la modération. On excuse les exagérés , parce qu'ils ne parvien-
nent qu'à faire peur et qu'ils ne sauraient rien fonder. On
peut comparer la modération à un fleuve, à pente douce,
qui répand paisiblement des alluvions fécondantes sur
ses rives , à qui il procure une incessante fertilité. C'est
cette vertu qui fait la puissance des gouvernements cons-
titutionnels.

Mais, en temps de révolution , la modération convient
mal aux hommes jetés dans l'arène de la chose publique.
La digue est rompue, un fleuve impétueux, véritable
torrent, roule et se précipite. Il faut marcher à sa suite
ou il brisera tous les obstacles. En de tels moments , le
sage se recueille , et , confiant dans les lois qui régissent
l'humanité , il se préoccupe, comme d'un incident pas-
sager , des clameurs du forum et des événements dont
la crainte et l'intérêt grossissent le danger. Mais l'homme
d'action , l'homme jeté au milieu de ces événements,
doit jouer un rôle terrible. — Tout est remis en ques-
tion : le moment est favorable pour détruire les abus
qui se maintiennent malgré tant de crises ; on doit se
hâter de changer ce qui est défectueux , de corriger ce
qui est imparfait , de couper le mal à sa racine. Certes ,
toute révolution qui n'est pas accompagnée de modifica-
tions profondes, radicales , dans ce qui existe, n'est
qu'une stérile variation dans le nom et la désignation du
Gouvernement. Des hommes ont succédé à d'autres ;
voilà le produit du courage , du sang versé , des plus
belles carrières interrompues ou brisées ! Que de grandes
choses pourtant il serait possible d'accomplir à ces instants
de convulsions suprêmes ! Tout ce que nous conservons
aujourd'hui de juste et de sympathique aux belles âmes,
tout a été conquis , pièce à pièce , lambeaux par lam-

beaux. Quelle serait notre destinée, si nous avions pu, à la suite d'un seul et vaste ébranlement, compléter l'harmonie de nos droits, et obtenir ce qui nous manque !

Il l'avait ainsi compris, cet homme d'état qui s'écriait un jour : « La légalité nous tue ! » Ce mot, M. Alexandre Fourtanier ne l'aurait jamais écrit : sa vie, passée dans le culte, dans l'adoration des lois, protestait contre une pensée qu'il devait considérer comme un blasphème, comme un sacrilége ! Il entendait la légalité d'une manière absolue, avec une sorte de vénération pour les droits acquis, quelle que fût leur nature, pourvu que la source fût honorable. C'est ainsi qu'il défendit la cause des avoués, mis en grand péril. Il savait pourtant, lui, mieux que personne, ce qu'il fallait penser de cet office ; mais il voyait une propriété à sauver, une possession légitime à protéger, un droit à maintenir, et il était trop honnête pour aller au delà des limites que sa conscience imposait à ses devoirs.

M. Fourtanier, sans abdiquer ses principes libéraux, ne sacrifia point ses principes de tolérance et de modération. Après l'ébranlement de 1848, il ne vit que l'ordre public menacé, que des règles méconnues; il ne vit pas la liberté en péril, cette liberté qu'il aimait tant et qui devait être l'unique victime de vaines terreurs ! Il ne fut pas seul à se tromper ! Son erreur, qui avait sa source dans les plus pures qualités de l'âme, lui fut commune avec bien des hommes, qui durent plus tard, comme lui-même, regretter leur aveuglement.

Quoi qu'il en soit, M. Fourtanier jugea la société menacée d'un état voisin de l'anarchie; le légiste et le citoyen imposèrent silence à des souvenirs où la reconnaissance et l'affection avaient une grande part; M. Fourtanier s'inclina devant l'élection présidentielle, qui représentait, à ses yeux, le salut du pays, et l'expression de la volonté nationale. Il restait ainsi, avant tout, l'homme de la légalité, l'homme de la loi.

Le suffrage universel le fit entrer au Conseil municipal de Toulouse; quelques jours à peine s'étaient écoulés, qu'il acceptait les fonctions de Maire, tâche rude autant que délicate dans les circonstances difficiles où l'on vivait alors. Mais que justice lui soit rendue! Il n'abdiqua jamais son indépendance; la devise de sa vie entière de penseur et de sage, — suivre les inspirations de sa ferme raison et les règles d'une sévère équité,—il la conserva dans ses fonctions à l'Hôtel-de-Ville, dans ses relations avec les Administrations supérieures du pays; ce n'était pas un homme à faire ployer son intelligence au gré des passions populaires ou des volontés d'un seul. Et l'on peut affirmer que les titres dont il fut honoré, il ne les sollicita jamais de personne. Lorsqu'ils lui furent offerts, il les accepta comme un devoir, bien loin de les regarder comme la récompense de ses éminents travaux, de ses nobles qualités.

Il n'avait pas accompli tous les sacrifices que le pays exigeait de son patriotisme. A l'Assemblée constituante, qui avait proclamé la République et qui eut, peut-être, le tort de se dissoudre, devait succéder l'Assemblée législative, destinée à compléter l'œuvre de la première. Le Maire de Toulouse, le Bâtonnier de l'Ordre des avocats, M. Alexandre Fourtanier, fut l'un des premiers élus, sur la liste des dix Représentants de la Haute-Garonne.

Qu'on relise, dans la notice que lui a consacrée un de ses confrères et disciples, les paroles de remerciement qu'il adressa aux électeurs! Avec son inaltérable modestie, M. Fourtanier se proclame un homme nouveau, il atteste la grandeur de la mission qui lui est imposée, l'obligation qui lui est faite de se montrer digne d'une aussi belle tâche. « Le pouvoir, » dit-il, — n'oublions pas qu'il était Maire de Toulouse, — « le pouvoir ne rencontrera pas en moi un de ces complaisants serviles, qui, toujours prêts à applaudir à chacune de ses résolutions, lui apportent, en échange de ses faveurs, un aveugle et funeste concours. Ce sont ces amis dangereux qui préparent les Révolutions et creusent l'abîme où sont venus s'engloutir les trônes de tant de rois ! Mais ne pensez pas non plus qu'adversaire constant de l'autorité gouvernementale, je repousse systématiquement chacune de ses propositions. Le député qui adopte une marche aussi déplorable, est, selon moi, un citoyen fatal à son pays ! » Toujours le même langage, toujours le même homme ! La modération et la fermeté, tout ensemble !

Il dit adieu à ses calmes études et ce ne fut pas sans de secrètes angoisses qu'il se sépara de ce Barreau, cause de sa réputation et de sa gloire ; de ses livres aimés, de cette foule de clients dont il apaisait les craintes et dont il était l'espoir. Il quitta cette ville de Toulouse qui lui avait confié tant d'intérêts à défendre et où il laissait des amitiés fidèles. Il partit pour Paris.

Quel monde nouveau, et quelle situation différente !

A Toulouse, une vie simple, égale, admirablement réglée ; la certitude de retrouver le lendemain le bonheur domestique et les succès oratoires de la veille ; l'échange de paroles affectueuses et sympathiques ; les graves émotions de l'audience et la satisfaction d'avoir vaillamment rempli son devoir ; un commerce assidu et plein de charmes avec les livres ; des relations nombreuses, fondées sur l'amitié ou sur l'estime ; voilà l'existence privilégiée que M. Fourtanier s'était faite et qui dura de longues années, jusqu'au moment où les suffrages de son pays l'appelèrent à Paris, dans cette ville où se décident les destinées de la France.

Là, M. Fourtanier allait se trouver transporté au milieu des passions déchaînées, sur le théâtre d'une lutte ardente, et dont l'enjeu était terrible. Si l'émeute grondait moins souvent dans la rue, les circonstances n'étaient pas moins périlleuses, l'avenir n'était pas plus certain. La session de l'Assemblée Législative annonçait devoir être orageuse; deux grands pouvoirs allaient se trouver en présence; que ne pouvait-on redouter de leur antagonisme naturel?

Un homme de paix, du devoir strict, de l'obéissance absolue à la Loi, ne semblait pas préparé pour un temps aussi agité. Membre d'un corps délibérant, avec le jeu régulier du gouvernement parlementaire, dans un milieu calme, il eût été orateur favorablement accueilli, il eût même sans doute rempli des fonctions considérables. Mais, à l'époque tumultueuse de 1849, il fallait moins de réserve et un tempérament plus énergique, pour défendre la liberté contre ses ennemis, quels qu'ils pussent être. C'est un grand malheur qu'une nature honnête, amie du bien, qu'un esprit d'élite, recule ainsi fatalement devant l'application de remèdes héroïques, et, par crainte d'un mal chimérique, se jette dans un mal certain. C'est la loi de l'humanité et M. Fourtanier dut la subir.

Sans doute, il faut faire la part des regrets. On comprend la douleur avec laquelle cette âme loyale avait vu tomber le gouvernement constitutionnel qui avait fait la France si prospère et si forte; ce Gouvernement, qui dota le premier notre pays d'une instruction publique sérieuse et digne de nos intelligentes populations; qui a rendu à l'agriculture des services trop oubliés, en ouvrant un immense réseau de routes et de chemins vicinaux; qui donna un élan prodigieux au commerce et à l'industrie; qui avait formé les armées d'Italie et de Crimée; qui enfin était basé sur la liberté de la parole et de la pensée; ce Gouvernement qui n'eut qu'un tort, celui de ne pas tenir assez compte des aspirations de l'opinion publique et de trop rester dans la légalité.

Il est certain qu'un tel Gouvernement dut avoir les sympathies de M. Fourtanier; il répondait à ses plus intimes convictions et au tableau qu'il s'était tracé d'une administration, aussi parfaite que possible, des affaires du pays. On comprend aussi, qu'après les regrets inspirés par la perte de ce système si libéralement perfectible, M. Fourtanier acceptât, avec franchise, mais sans abdiquer son indépendance, une nouvelle forme de Gouvernement, qui promettait de conserver la liberté, même de l'étendre. Mais le sentiment de l'ordre légal l'emporta trop souvent dans ses résolutions et celles de la majorité de ses collègues. C'est ainsi qu'à des vœux souvent légitimes, il aurait convenu de répondre, non par des mesures rigoureuses, mais en suivant un mouvement indiqué par les circonstances; par là, du moins, on eût écarté les véritables ennemis de la République, les ennemis naturels, persévérants, immuables de 89, les adversaires de tout progrès, de toute liberté, ceux qui ont causé la chûte de deux monarchies constitutionnelles, et qui allaient faire tomber un Gouvernement qui paraissait avoir rallié tous les esprits.

Mais, si le politique de profession ne peut toujours prévoir les faits qui sont du domaine de l'avenir, et empêcher qu'ils ne s'accomplissent, combien est excusable l'homme de cabinet, enlevé à son paisible travail, à ses méditations recueillies, s'il croit, dans son obstination généreuse, au triomphe du droit et de la vérité. M. Fourtanier partagea son erreur avec des hommes plus spéciaux que lui dans la science de là politique et dans l'art d'apprécier les conséquences des événements. Il appartint à ce fameux Comité de la rue de Poitiers qui, en croyant tout sauver, ne put rien prévenir et qui donna même des armes puissantes à l'accomplissement d'un fait, l'un des plus considérables qui se soient produits dans ce siècle tourmenté.

Loin, bien loin de nous la pensée de blâmer un homme qui, dans toutes ses actions, n'eut jamais pour mobile que l'amour du bien public, et l'amour de son pays. On a déjà reproduit cette parole qui lui appartient et qui explique son caractère : « L'erreur est possible et fréquente dans le maniement des affaires; mais purifiée par la bonne foi, elle échappe à la censure... » M. Fourtanier fut toujours de bonne foi; attaché aux principes d'une liberté modérée, il se mêla peu aux querelles des partis. Il rechercha de préférence les travaux qui étaient en rapport avec ses études et ses goûts ! Ses collègues lui donnèrent une place d'honneur dans les commissions chargées de préparer des lois importantes. Il fut rapporteur de la loi sur la levée de l'état de siége dans la ville de Paris, et de la loi organique sur l'état de siége. Non-seulement il soutint avec un grand talent, avec sa logique inflexible, le feu d'une discussion extrêmement vive, mais encore il montra la fermeté de son caractère et l'élévation de ses doctrines. M. Fourtanier fut encore rapporteur de la loi relative à la liquidation des indemnités allouées aux colons, par suite de l'affranchissement des esclaves; dans la révision de l'article 472 du Code d'instruction criminelle, dans la demande en autorisation de poursuites contre Michel de Bourges, ses conclusions prévalurent. Il prit une grande part à la discussion du projet de loi sur la réforme hypothécaire, et d'une proposition relative à la révision des procès criminels. Sa parole, en ces matières qu'il connaissait si bien, fut d'un grand poids et décida le vote de l'assemblée.

Peu mêlé, — nous l'avons déjà dit, — aux agitations

des nombreux partis que l'Assemblée législative comptait dans son sein , ne recherchant pas les réunions bruyantes , évitant même les causeries des salons , M. Fourtanier, en dehors de la Chambre dont il fut un des membres les plus assidus , les plus laborieux et les plus occupés, se renfermait dans une sorte de retraite. Là, il reprenait ses chères études du droit, il se complaisait à ne pas interrompre des travaux que les changements continus de la législation et la variabilité des mœurs publiques, présentent sans cesse sous des aspects nouveaux. Il dut même paraître à la barre de la Cour d'Appel et du Tribunal de première Instance de Paris; sa parole obtint les mêmes succès qu'à Toulouse, que partout. Il gagna presque toutes les causes qui lui furent confiées , près de cinquante en quelques mois. Jamais il n'affirma mieux sa grande valeur : ses adversaires étaient les premiers orateurs du premier Barreau de France. Il lutta contre eux avec un talent si remarquable, que sa modestie dut souvent se résigner à recevoir des félicitations qu'il recherchait d'autant moins qu'il les méritait davantage.

Il se serait créé bien vite une des principales positions à cet illustre Barreau de Paris ; tous ses amis le pressaient de rester dans la grande ville ; on l'assurait d'un rôle considérable ; il se sentait assez fort pour l'acquérir et le conserver. Mais son cœur était atteint de cette affection mystérieuse , qu'on appelle le mal du pays; il regrettait Toulouse; il ne songeait qu'à sa bonne vie de Toulouse , aux affections qu'il y avait laissées, à la joie d'y reprendre ses occupations de tous les jours. Les circonstances ne devaient que trop tôt le ramener parmi nous.

La division de l'Assemblée législative empêchait le bien que ce corps politique aurait pu accomplir. Au lieu

de se rallier franchement à la République, on se perdait
dans des projets vagues, indéfinis, et trop multiples
pour qu'aucun d'eux pût réussir. Cependant un malaise
universel gagnait tous les esprits ; les hommes, graves
et calmes comme M. Fourtanier, n'attendaient leur salut
que « d'une de ces individualités puissantes qui relèvent
les empires, » cette opinion lui appartient. M. Fourtanier
ne pouvait rien espérer d'une assemblée, où toutes les
nuances des anciens partis avaient reparu, mais sans pouvoir constituer une majorité délibérante et prétendre à la
force de l'action. Isolé des coteries, étranger aux intrigues,
il suivait d'un œil triste et résigné les progrès d'un mal
rapide, presque sans remèdes. Il ne voyait aucune main
ferme, aucun espoir de s'entendre pour le salut com-
mun. Des pages écrites tous les soirs, dans ces jours
douloureux, contiennent l'aveu du découragement de
M. Fourtanier, de l'amertume dont son âme généreuse
était saisie ; c'est toujours le libéral convaincu, éprouvé,
animé de l'amour du bien public ; c'est l'esprit loyal,
indépendant, incapable de se donner à un parti, et, toujours fidèle à ses théories politiques. Lisez ses mémoires,
à la date du 23 janvier 1850 : il décrit, avec des cou-
leurs puissantes, l'état précaire de la société à cette
époque, le bouleversement moral produit par la catas-
trophe sociale du 24 février, le trouble des consciences.
Il affirme que la constitution « dont nous a affligés la
révolution de février est loin d'avoir répondu aux espérances et aux besoins de la nation. » Il se demande si
c'est pour conquérir ces avantages, « que le trône de
Juillet a été brisé, qu'une poignée de sectaires a banni
du sol français cette royale et patriotique famille qui
fesait rayonner d'un éclat si pur une couronne popu-
laire... » Il étudie ensuite la constitution en elle-même.
La rivalité fatale d'une assemblée unique et du Président

de la République lui semble funeste aux intérêts du pays. *Le 1ᵉʳ décembre*, il écrit qu'une collision entre ces deux pouvoirs devient inévitable. « Quel va être le cataclysme, » s'écrie M. Fourtanier... « Que Dieu sauve la France ! »

On sait ce qui arriva le lendemain, 2 décembre... On se rappelle comment fut tranchée la lutte engagée entre les deux grands pouvoirs de l'Etat. M. Fourtanier n'hésita pas à se joindre aux députés qui s'étaient réunis pour protester contre le fait accompli. Il était trop tard ; les bayonnettes dispersèrent les représentants de la nation.

M. Fourtanier ressentit un tel coup avec une profonde douleur. Il ne voulut accepter aucune des importantes fonctions qui lui furent offertes. On le vit revenir à Toulouse, simple citoyen, et recommencer sa rude tâche d'avocat. Il reparut à la barre le front haut, la conscience tranquille, mais le cœur cruellement blessé. Membre un instant du Conseil municipal de Toulouse, il donna sa démission, lorsque sa dignité lui parut avoir souffert dans une tentative infructueuse de ses amis pour le faire entrer au Conseil-général. Dégagé désormais de toute diversion à ses travaux accoutumés, il se livra complétement à l'exercice de sa chère profession. Il parut à tous les habitués du Palais que son talent avait revêtu des teintes plus vives, des formes plus saisissantes ; les clients lui revinrent en foule. A la fin de 1863, il eut l'honneur de porter la parole au nom de M. Charles de Rémusat. Il présenta la défense de la liberté électorale, avec cette puissance de logique et cette ferme modération qui ne l'abandonnèrent jamais, même dans les circonstances les plus solennelles. Ce discours fut son dernier acte politique, et comme sa dernière profession de foi.

Il ne nous est pas permis de parler des douleurs intimes que M. Fourtanier éprouva, à cette même époque où le vieux libéral proclamait si haut, et pour un si illustre client, les principes de sa vie entière. Nous n'avons pas même le droit de faire allusion aux faits qui se produisirent alors dans le sein du Barreau toulousain, faits que les amis de M. Fourtanier ne purent parvenir à s'expliquer, et que l'Administration put considérer en ce moment même comme une victoire politique. Mais ce que nous devons affirmer, c'est que cet homme, modeste et bon, ne conserva aucun ressentiment et que ces incidents imprévus ne troublèrent pas un instant la sérénité de son âme.

Faut-il maintenant, attristé par ce souvenir, raconter les angoisses des dernières années de M. Alexandre Fourtanier ? Il avait perdu des amis éprouvés, des compagnons de sa jeunesse et de ses travaux ; il éprouva un plus grand malheur encore, il perdit une épouse adorée. C'est en vain que, par un surcroît d'activité, il s'efforçait d'éloigner quelques instants une douleur poignante ; c'est en vain que, luttant contre la fatigue et contre un mal inexorable, il continuait sa vie du cabinet et de l'audience, pour endormir, par sa fièvre de l'étude et des combats judiciaires, l'amertume de ses regrets…, il vint un jour où le vaillant lutteur fut vaincu ; jour néfaste, qui jeta dans le deuil le Barreau, la ville, le pays.

Personne ne se fesait illusion ; depuis quelques mois, on reconnaissait, à des signes trop certains, que le moment du repos était venu pour M. Fourtanier ; ses meilleurs amis auraient désiré qu'il limitât les ardeurs de son zèle aux causes les plus considérables ; mais le torrent l'emportait. Confiant dans ses forces, entraîné d'ailleurs par un inflexible besoin d'activité, il ne quitta l'arène qu'après avoir vu l'arme tomber de ses mains.

Le 25 janvier, M. Fourtanier avait plaidé comme tous les jours; le lendemain, on annonçait au Palais que l'éminent avocat était dangereusement malade, terrible annonce qui précéda à peine celle de sa mort.

On se rappelle l'impression profonde que causa cette grande perte. Toutes les voix se confondirent dans des regrets sincères. On fit à M. Fourtanier des funérailles dignes de lui. Tout ce que la Cité renferme d'hommes distingués, prit rang dans l'immense cortége qui rendit à sa mémoire le suprème hommage.

Après les accents émus d'une parole amie, le silence se fit sur la tombe. Aucun titre, aucune faveur, n'avaient récompensé une vie aussi bien remplie. Ainsi que la plupart de ses confrères, M. Fourtanier ne fut point membre de la Légion-d'Honneur. Il n'eût tenu qu'à lui de faire partie de cet Ordre, lorsqu'il était Représentant à la Législative; il eut le rare courage de refuser une distinction qu'il regardait, dans de telles circonstances, comme incompatible avec une entière indépendance.

Il n'appartint pas davantage aux Sociétés Littéraires que Toulouse possède, et où cependant on semble rechercher les avocats en renom. Il partagea cette exclusion avec notre illustre Romiguières.

Vers la fin de sa vie, M. Fourtanier fut simplement appelé à la Société d'Agriculture, en qualité de membre non résidant; il écrivit pour cette Compagnie, la seule qui avec l'Académie de Législation, eût songé à lui, un excellent et remarquable Mémoire.

Telle est la vie. Voilà un homme doué des plus rares perfections, d'un mérite incontesté; pourtant, sur son linceul mortuaire, on distingue à peine les insignes d'une profession qu'il a si glorieusement honorée; une seule voix lui adresse le dernier adieu.....

Quand donc la sagesse, la probité, la constance dans

les sentiments et les affections, le talent éprouvé, seront-ils consacrés par la reconnaissance des contemporains ? Et lorsque de si hautes vertus sont relevées par une inaltérable modestie, n'est-ce pas un devoir que de les couronner dans la retraite laborieuse et recueillie où elles cherchent à se faire oublier ?

Le souvenir de M. Alexandre Fourtanier est désormais lié à notre histoire. Dans cette vie si courte et pourtant si bien remplie, il a touché à la politique du Pays, à l'administration de la Cité, à la défense des plus grands intérêts de l'ordre social. Nous ne saurions assez le redire : il a dû l'estime universelle dont il était environné, à son esprit de sagesse et de modération. Il avait la logique du bien, logique absolue, inflexible, à laquelle il ne fit aucune concession ; ses principes dominaient même les aspirations de son cœur. Il ne démentit jamais son attachement à une auguste famille dont sa raison avait apprécié les éminentes qualités, mais il plaçait la France au dessus de ses pieux regrets, et les gouvernements qui devaient maintenir l'ordre public, base de la liberté, étaient certains d'obtenir, sinon ses sympathies, du moins son patriotique concours. Il appartint à cette noble phalange de philosophes, qui examinent avec calme toutes choses et, dans tout et toujours, s'étudient à discerner le bien du mal. Dans cette sphère, trop étendue pour laisser une place suffisante à l'action, on échappe à l'âpre et dévorante tutelle des partis ; on semble n'appartenir à aucun, et, nouveau Protée, se jouer tour-à-tour de toutes les opinions. Il n'en est rien. La foule inquiète, impatiente, tenace dans ses idées, n'accorde pas à ces penseurs les témoignages bruyants de ses faveurs mobiles ; elle ne parvient pas à comprendre cette étude constante, assidue, des principes et des faits, et elle prend pour des distinctions subtiles ou des actes de faiblesse, les variations que

la conduite de ces éclectiques peut parfois présenter.
Aussi M. Fourtanier n'arriva jamais à la popularité, dans
le sens complet de ce mot; mais il acquit l'estime et l'af·
fection des personnages les plus éminents de notre époque. Tous entretinrent avec lui des relations qui ne furent
jamais brisées; et, quand la nouvelle de sa mort préma-
turée vint étonner les admirateurs de son talent et de son
caractère, les maîtres de la parole n'eurent qu'une voix
pour exprimer à ses enfants leurs sympathiques regrets.

Et nous, qui avons eu l'honneur de connaître cet
homme si simple et bon, d'apprécier ce qu'il y avait de
loyal, de juste, de ferme, dans ses convictions et dans
ses principes, de délicatesse dans les actes de sa vie, de
tendresse dans son amitié, nous éprouvons une douce
satisfaction en lui rendant notre faible hommage.

Nous l'avons écrit avec notre cœur, en évitant les
exagérations qui auraient mal convenu à cette chère
mémoire, si constamment ennemie de l'éclat et du
bruit; nous avons aussi pensé que ce serait un grand
honneur pour nous de répondre à l'appel de MM. Louis
et Paul Fourtanier, en inscrivant notre nom ignoré sur
le monument que leurs mains pieuses ont élevé à la gloire
de leur père!

Auguste PUJOL.